El mundo del canguro
Katie Gillespie
EYEDISCOVER

Ve a **www.eyediscover.com** e ingresa el código único de este libro.

CÓDIGO DEL LIBRO

AVG56684

EYEDISCOVER te trae libros mejorados por multimedia que apoyan el aprendizaje activo.

Published by AV2
276 5th Avenue, Suite 704 #917
New York, NY 10001
Website: www.eyediscover.com

Library of Congress Control Number: 2020951987

ISBN 978-1-7911-3543-0 (hardcover)

Printed in Guangzhou, China
1 2 3 4 5 6 7 8 9 0 25 24 23 22 21

012021
102520

English Editor: Katie Gillespie
Spanish Editor: Ana María Vidal
Designer: Mandy Christiansen
Spanish/English Translator: Translation Services USA

The publisher acknowledges Getty Images and iStock as the primary image suppliers for this title.

EYEDISCOVER proporciona contenido enriquecido, optimizado para el uso en tabletas, que complementa este libro. Los libros de EYEDISCOVER se esfuerzan por crear un aprendizaje inspirado e involucrar a las mentes jóvenes en una experiencia de aprendizaje total.

Mira
El contenido de video da vida a cada página.

Navega
Las miniaturas simplifican la navegación.

Lee
Sigue el texto en la pantalla.

Escucha
Escucha cada página leída en voz alta.

Tu EYEDISCOVER con Seguimiento de Lectura Óptico cobra vida con...

Audio
Escucha todo el libro leído en voz alta.

Video
Los videos de alta resolución convierten cada hoja en un seguimiento de lectura óptico.

OPTIMIZADO PARA

- TABLETAS
- PIZARRAS ELECTRÓNICAS
- COMPUTADORES
- ¡Y MUCHO MÁS!

El mundo del canguro

En este libro aprenderás

- cómo soy
- dónde vivo
- qué como

¡y mucho más!

Soy un canguro.

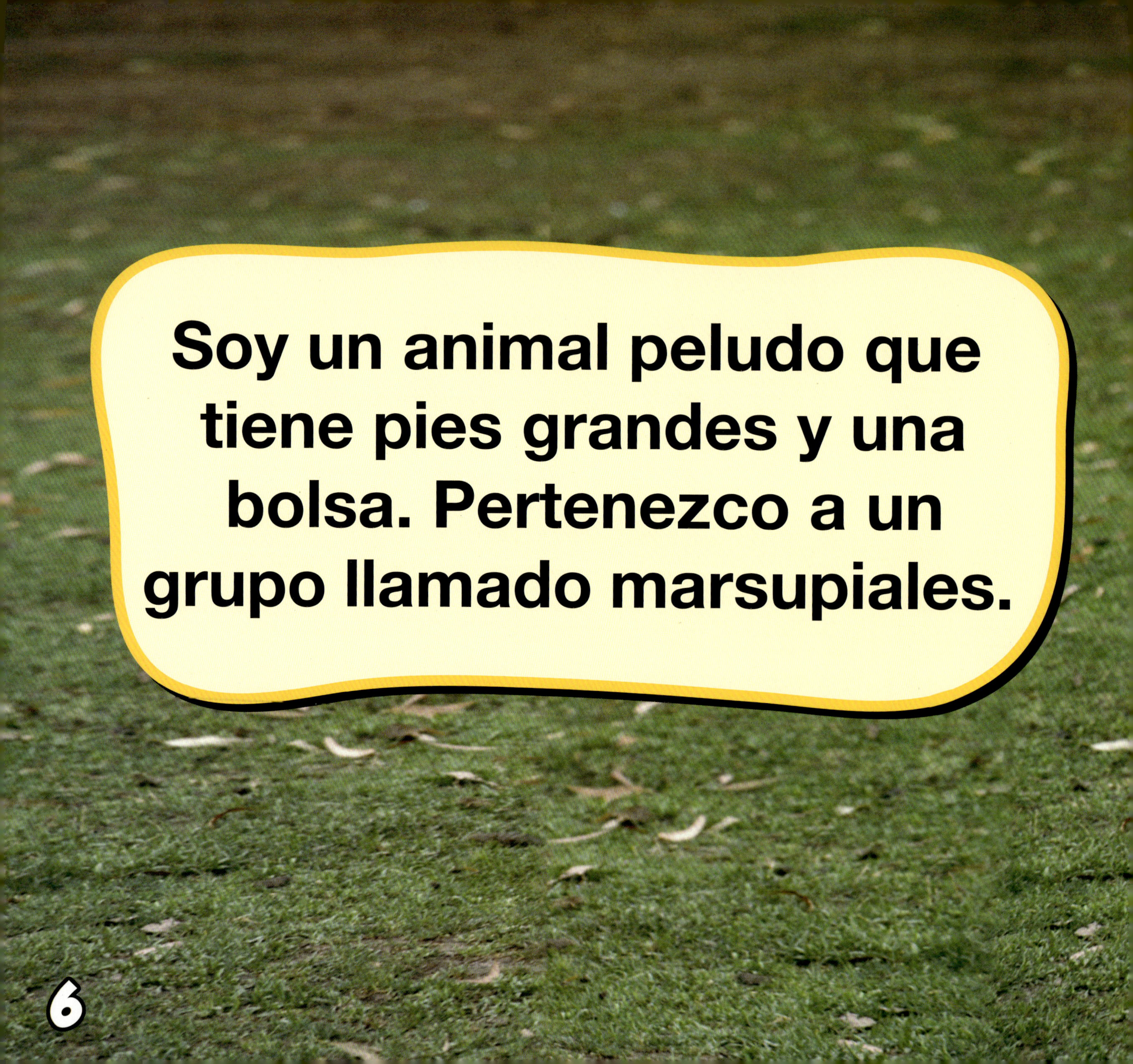

Soy un animal peludo que tiene pies grandes y una bolsa. Pertenezco a un grupo llamado marsupiales.

Me pueden encontrar principalmente en Australia.

Cuando era bebé me llamaba cría. Mi mamá me protegía adentro de su bolsa.

Mi cuerpo está hecho para saltar. Mis fuertes patas traseras son como resortes.

Cuando era pequeño, tomaba la leche de mi mamá. Ahora, mis comidas favoritas son el pasto y las plantas.

Mi cola es muy larga
y me ayuda a mantener
el equilibrio.

Soy más activo por la noche.

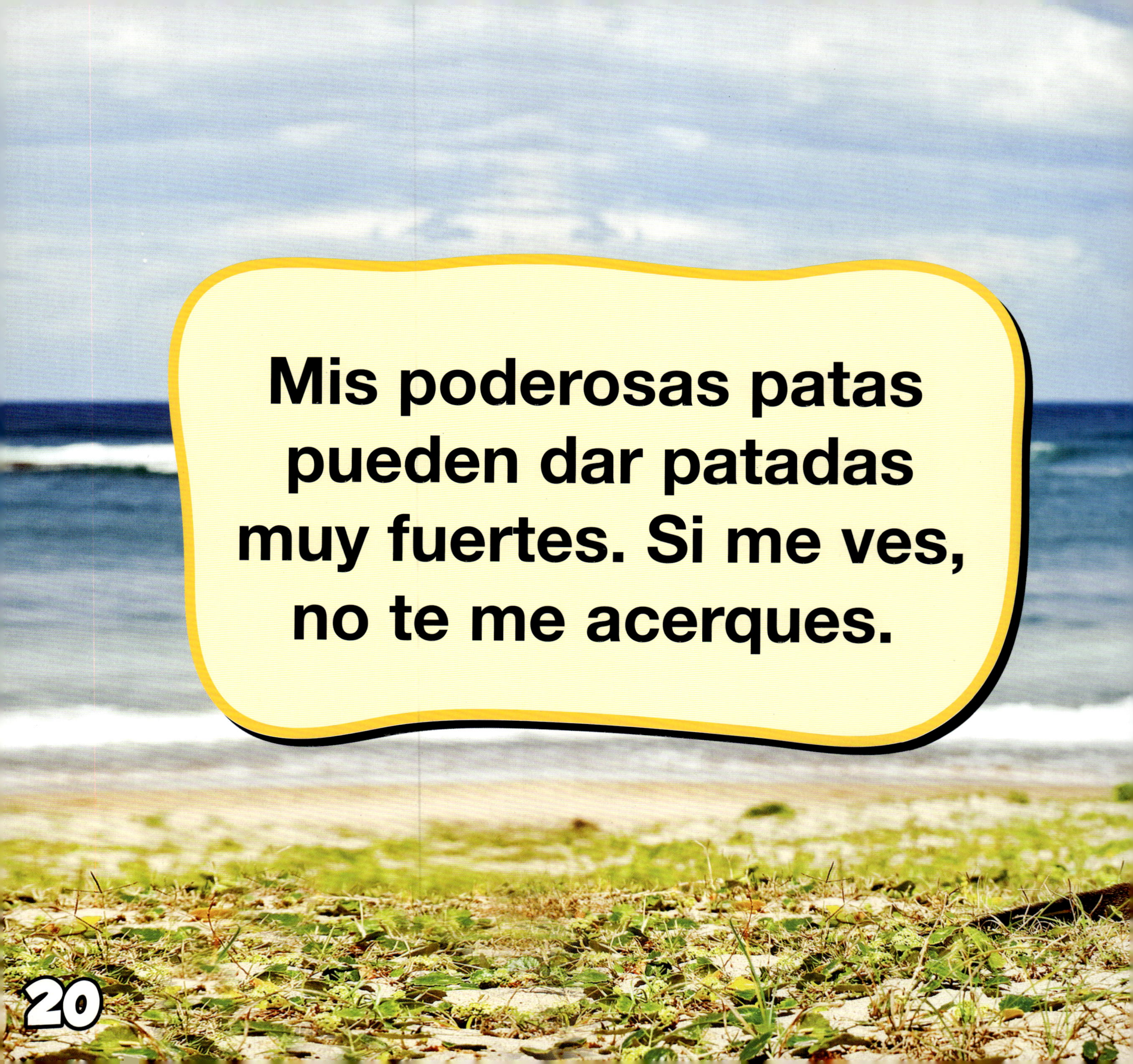
Mis poderosas patas pueden dar patadas muy fuertes. Si me ves, no te me acerques.

Los canguros grandes pueden **saltar** a **40 millas por hora** (64 kilómetros por hora). Esto es casi tan **rápido** como el galope de un **caballo**.

Algunos **canguros** pueden **vivir más de** 20 años.

El bebé canguro **abandona** la **bolsa** de su madre entre los **7** y **10 meses** de edad.

Hay más de **50 millones** de canguros que viven en **Australia**.

Hay **6 especies diferentes** de **canguros**.

Los canguros recién nacidos miden solo 0,75 pulgadas de largo (1,9 centímetros).

Este es el **tamaño** de una **abeja grande**.

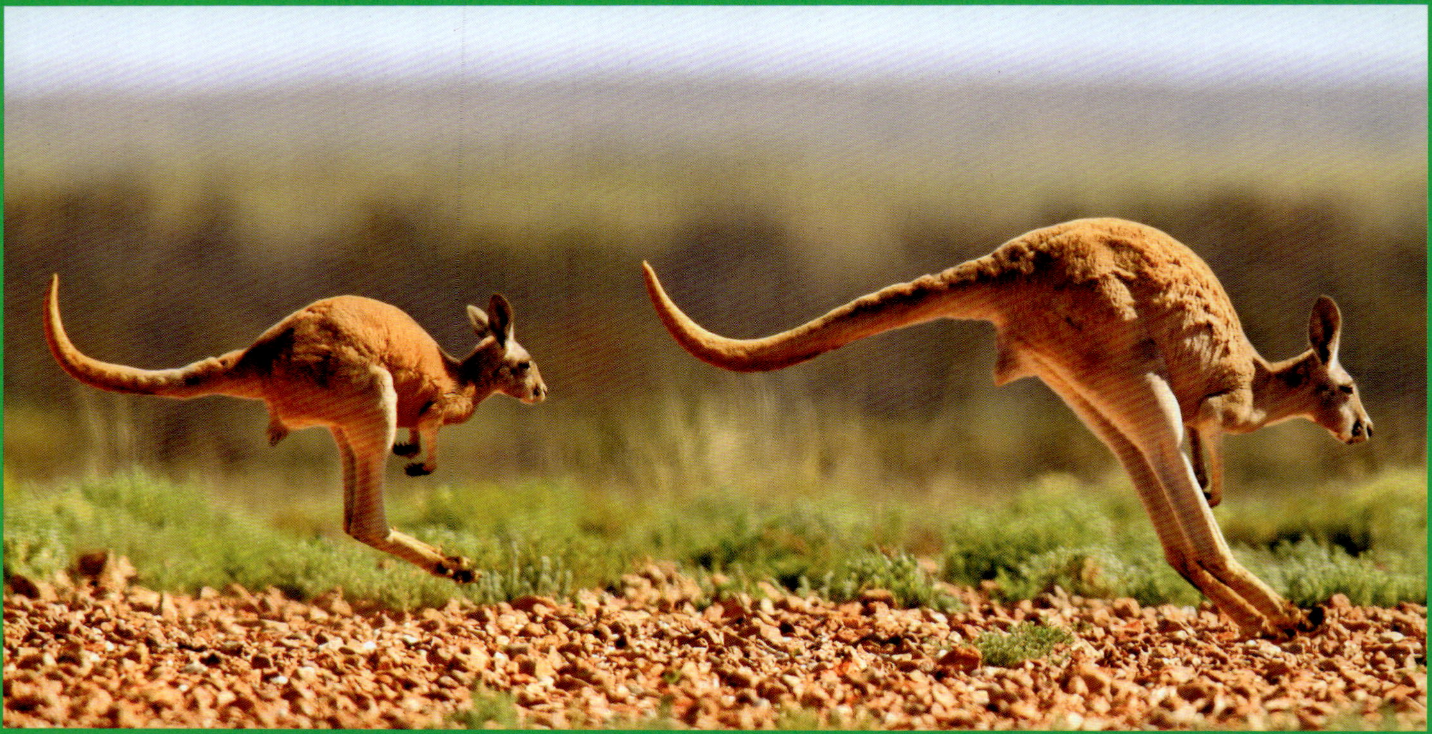

Mira
El contenido de video da vida a cada página.

Navega
Las miniaturas simplifican la navegación.

Lee
Sigue el texto en la pantalla.

Escucha
Escucha cada página leída en voz alta.

Ve a www.eyediscover.com e ingresa el código único de este libro.

CÓDIGO DEL LIBRO

AVG56684